Saveurs de cigare

Saveurs de cigare

Collection dirigée par Arielle Picaud.

Achevé d'imprimer par l'imprimerie Elkar, S. Coop, Espagne.
Dépôt légal : novembre 1998.
ISBN : 2-9509273-7-8

Saveurs de cigare

Franck Médioni

Photographies
Marc Rosaz

Fabrication du cigare

Issu de terres rouges et humides,
le cigare résulte de la combinaison unique
d'un sol, d'un climat et d'un artisanat.

▶ ***Découvrez l'odeur d'une cave à cigares puis refermez***

Un savoir-faire

Le cigare est un produit du terroir révélé par le savoir-faire de l'homme. Aspect, saveurs et arômes, force et intensité, souplesse et combustibilité du cigare dépendent de ce rapport familier que la main entretient avec les feuilles de tabac.

Issu des terres rouges et humides des tropiques, ce bâton magique qu'est le cigare résulte de la combinaison unique d'un sol, d'un climat et d'un artisanat animé par le feu intérieur d'une tradition séculaire.
La main inaugure la vie du cigare, du *puro*, pur produit de la terre et de l'intelligence, de la nature et de la culture, *totalemente hecho a mano*, « entièrement fait main », des labours à la mise en boîte, en passant par les semailles, la récolte, le séchage, le triage, l'écôtage et l'assemblage des feuilles.

Comme les grands vins ont leur vignoble bien délimité, les feuilles qui composent les cigares cubains proviennent de plantations de tabac précises : à Cuba, les *vegas* de la Vuelta Abajo, dans la province occidentale de Pinar del Rio, ou bien de Partidos, à l'ouest de La Havane, ville des esprits et du tabac.
Les terres sont labourées et ensemencées par les ouvriers des plantations, les *vegueros*, avant que les feuilles basses de tabac soient cueillies une à une à la main.

Après récolte, elles sont entreposées à la *fabrica* et soumises à un processus rigoureux de sélection, de séchage et de fermentation. Elles sont ensuite classées, suivant leur force, en trois catégories : le *volado*, qui facilite la combustion, le *ligero*, qui donne de la puissance, et le *seco*, dont les arômes constituent la finesse du cigare.

MONTECRISTO
HABANA
MONTECRISTO
HABANA
MONTECRISTO
HABANA

MONTECRISTO
HABANA
MONTECRISTO
HABANA
MONTECRISTO
HABANA
MONTECRISTO
HABANA

Les plaisirs de cigare de Jean-Paul Kauffmann

Directeur de l'Amateur de cigare

Mes amis qui me prennent pour un homme sérieux s'étonnent parfois de ma frivolité. « Comment un type comme toi a-t-il pu avoir une idée aussi légère ? » Ils ne comprennent pas que j'aie créé une revue sur le cigare. Comment un plaisir aussi vain, qui part en fumée et dont il ne reste que des cendres, peut-il avoir sa gazette ? Hormis le fait que je suis peut-être plus futile que ne le pensent mes amis, je suis surpris que personne n'ait eu avant moi l'idée de créer une telle publication.

Le cigare est un beau sujet de réflexion pour le monde dans lequel nous vivons. L'amateur de cigare est un héros des temps modernes. Que l'on songe par exemple au nombre d'interdits, à toutes les persécutions, aux gestes hostiles qu'il doit braver pour satisfaire sa passion. Mais notre héros se rit de sa force de caractère. C'est un homme paradoxal : il ne se prend pas au sérieux mais il prend son plaisir au sérieux. C'est sa manière à lui de dédramatiser le réel, le temps au moins durant lequel il savoure son *puro*. Cette ambiguïté est fascinante. La fumée du cigare sert d'écran protecteur au monde extérieur en même temps qu'elle permet à l'amateur de contempler l'humanité à travers les volutes de son *puro*. Dedans et dehors. Cette distance n'est pas indifférence. Le refus de s'engager n'est pas désintérêt. une telle équanimité est plutôt signe d'une sagesse, d'une tranquillité, d'une modération. Ces vertus sont probablement fugitives. elles ne durent qu'un instant. Mais pendant ce moment, tout s'apaise. Certes, les loups ne se métamorphosent pas en agneaux, les timorés ne deviennent pas pour autant téméraires, mais quelque chose en eux fait la pause, marque une limite dans le cours du temps. Une fois le cigare terminé, le réel reprend ses droits. Il y a du « Doctor Jekyll » et « Mister Hyde » dans tout amateur de *puro*...

Les plaisirs de cigare de Titouan Lamazou

Navigateur - peintre

Campesino à Viñales, Jorge laboure tout le jour un cigare à la bouche qu'il s'est roulé lui même, la veille à la belle heure, une bouteille de rhum à portée de la main -

titouan

CUABA
HABANA-CUBA
CUABA
HABANA-CUBA
CUABA
HABANA-CUBA
CUABA
HABANA-CUBA

Une fois mouillées et écôtées (suppression de la nervure centrale), les feuilles sont de nouveau scrupuleusement classées puis pesées. Arrive ensuite la phase déterminante de la fabrication du cigare, qui relève d'un art complexe : l'assemblage spécial des feuilles confié aux rouleurs, les *torcedores*. Les feuilles de tabac séchées sont lissées, soigneusement posées à plat sur une planche (et non pas, comme le veut la légende, disposées sur les cuisses d'une jeune fille vierge). Elles sont alors tordues, serrées à la main afin de constituer une espèce de petit fagot qui forme la tripe, le cœur du cigare. S'y enroule une autre feuille, la capote, la sous-cape. La tripe et la sous-cape assemblées forment un cylindre, la poupée, qui, après la mise sous presse qui lui donne forme et allure, est habillée par la précieuse cape, feuille de tabac entière finement découpée au moyen d'une petite machette, la *chaveta*.

Les plaisirs de cigare de Tahar Ben Jelloun

Écrivain

Fumer, humer, être assis sur un banc dans le jardin ou dans le salon d'une vieille maison en Toscane, voyager en prenant le temps de regarder les pierres, laisser les mots du silence traverser les murs, être dans la juste distance entre soi et les autres, entre soi et les arbres, préférer l'ombre du feuillage touffu au parasol planté dans le sable, se réjouir à l'idée d'ouvrir la boîte à cigares et d'en choisir un, être avec les autres, ceux qu'on aime, ceux avec qui on a envie de partager, donner sans rien attendre en retour, être dans le geste de la gratuité, dans l'accueil, le recevoir et le partage, tirer des bouffées lentes en gardant la cendre comme témoin de délicatesse, de lenteur et de patience, fumer, c'est savoir prendre le temps par échappées fortuites, regarder les choses dans leur futilité et leur entêtement, penser aux absents, ceux qui ne fument plus ou qui se sont éloignés, ceux qui nous manquent et dont l'image est encore vive, humer la passion douce avec ceux qui savent se retirer du bruit et qui prennent un cigare sans être pressés en lui donnant le temps, tout le temps dont il a besoin pour partir en fumée en notre bonne compagnie.

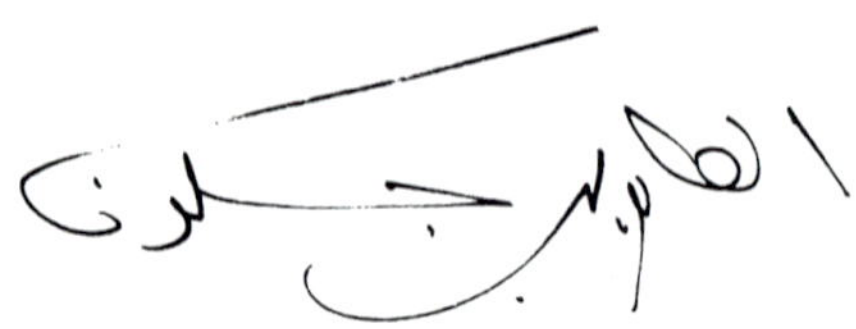

FIGURADA

Ultime étape de ce méticuleux processus de fabrication, la tête de la poupée est coiffée d'un petit morceau de tabac fixé à l'aide d'une colle végétale. La phase du stockage en chambre de maturation, le classement par modules (pas moins de neuf cent cinquante formes répertoriées dans les manufactures de La Havane) et par nuances de couleur des capes (du *clarissimo* de teinte verte à l'*oscuro* de couleur noire), puis la pose de la bague et la mise en boîte achèvent une fabrication qui tient autant de la production que du rituel. Les cigares n'attendent plus que de se prêter au jeu doux et cruel de la dégustation.

Havane claros.
Hecho a mano.

Cigare comme un slogan
glissé sur des lèvres tropiques
comme si cette nuit était la
dernière. Le long du Vedado
jette son parfum en volutes
bleues avec une générosité
charnelle, fumée bleue contre
les nuages du Tropicana
cancer.

Havane du bout des doigts
, Lanceros - Cohibas.

Tony Soulié

D é g u s t a t i o n d u c i g a r e

La dégustation fait appel à tous les sens, et prend la forme d'un petit rituel ludique.

DR

Objet de plaisirs

Fumer un cigare est un exercice simple durant lequel le plaisir doit être total. Sa dégustation, que les amateurs décomposent souvent en trois phases, « le foin », « le divin » et « le purin », exige temps, précision et quiétude.

Avec le cigare, il est avant tout question de volupté. A chacun d'expérimenter, d'apprécier, de déguster un cigare selon son bon plaisir, son goût, le moment et le lieu. Une fois choisi, prenez la vitole en main, observez sa cape fragile, sa robe soyeuse.
Etreignez son corps, roulez-le doucement entre les doigts. Appréciez-en la forme, la consistance, la maturité et la souplesse, avant de le porter à l'oreille.

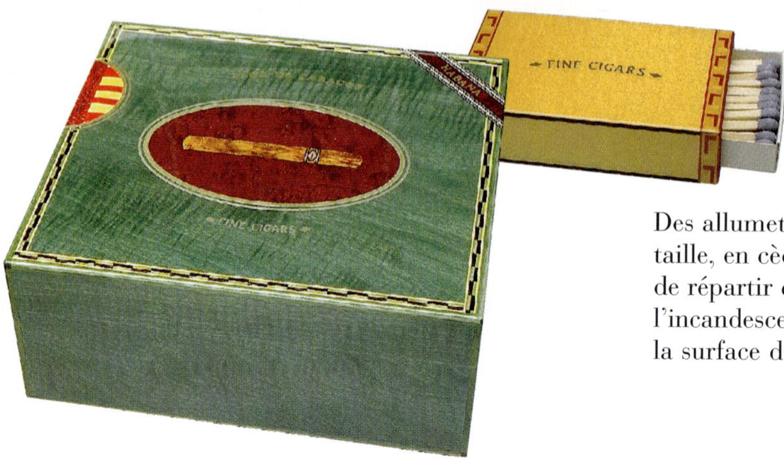

Des allumettes de grande taille, en cèdre, permettent de répartir convenablement l'incandescence sur toute la surface du pied.

N'hésitez pas à le manipuler, à le tâter, à le palper, voire à le peloter ; le cigare est vivant. Puis menez-le à votre nez, humez et délectez-vous des arômes de son bouquet. Examinez aussi la bague – griffe, signature et signe d'authenticité du *puro*. Faut-il déshabiller le cigare de sa bague avant son allumage et, d'une certaine manière, afficher le prix de son plaisir ?
A l'aide d'un coupe-cigare, des ongles ou des dents, tranchez franchement la tête du cigare. La coupe nette favorise un bon tirage. Prenez ensuite son pied entre l'index et le majeur et portez-le à la bouche.

La dégustation fait appel à tous les sens, et prend la forme d'un petit rituel ludique, sans pour autant devenir un cérémonial pompeux qui sacraliserait le cigare. Car cet objet de plaisirs s'élève en fumée et se réduit en cendres.

No. 4
HABANA

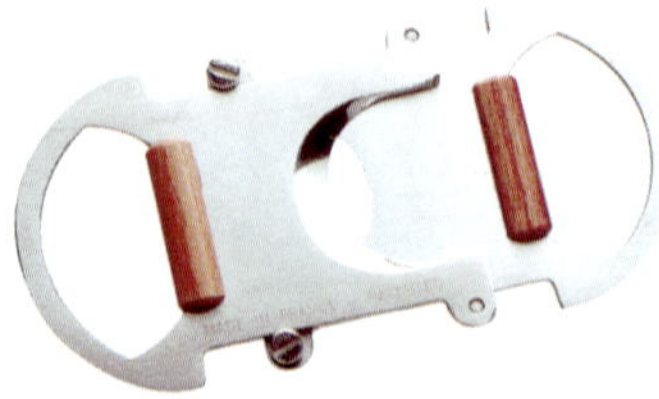

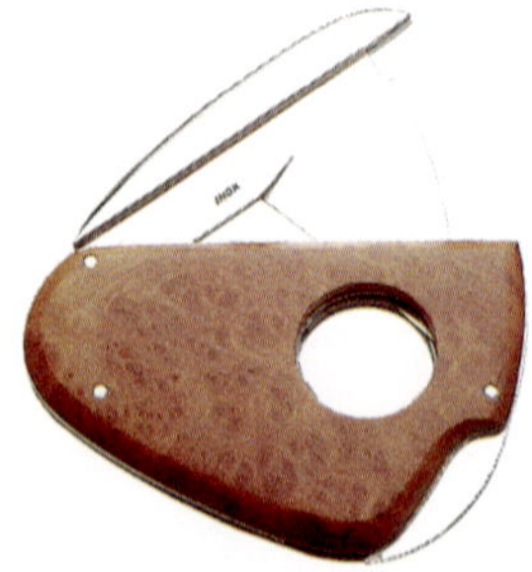

Le coupe-cigare est un instrument indispensable, si on n'utilise pas les ongles, les dents ou le couteau. Il permet une coupe nette et égale, qui aura une influence sur le tirage, donc,

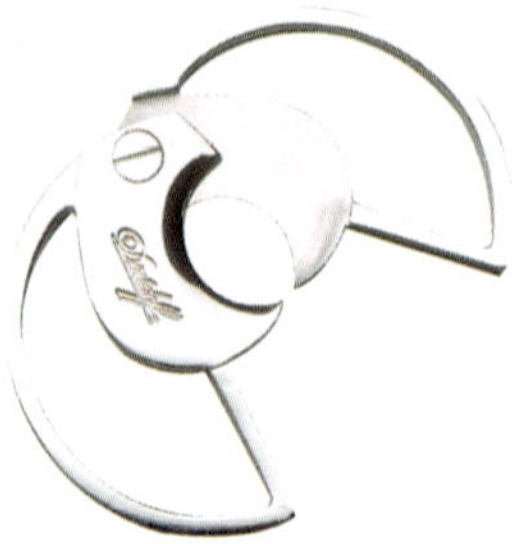

sur la dégustation. Toutes sortes de coupe-cigare sont disponibles, de la traditionnelle guillotine à une ou deux lames, au ciseau, en passant par les modèles les plus insolites.

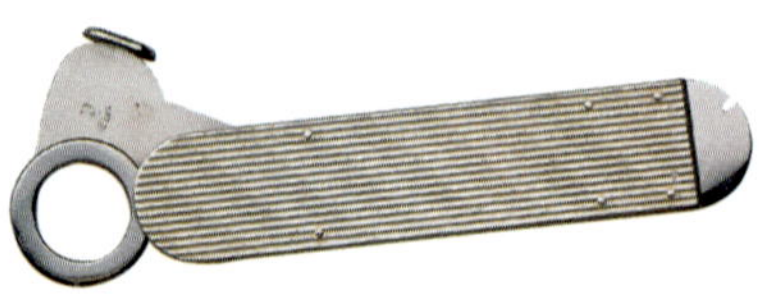

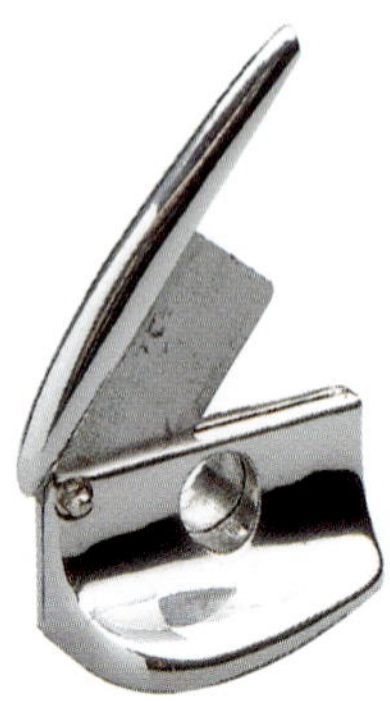

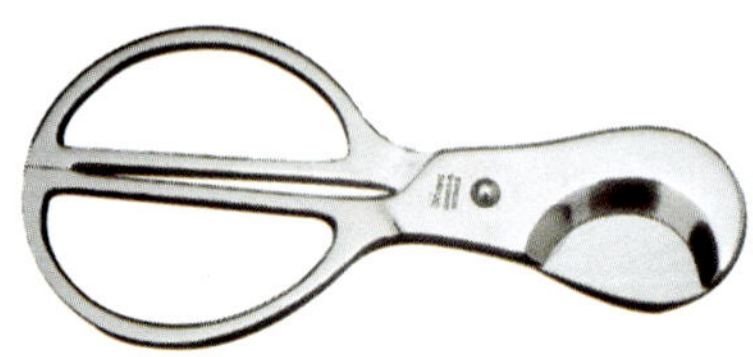

Les plaisirs de cigare de Frank Ténot

Directeur de Jazz magazine

Déguster un cigare, c'est harmoniser avec science et finesse un clavier de paramètres. D'abord, il faut choisir un label et une taille conformes à l'heure et au lieu. Ensuite, selon la couleur de la cape, la souplesse de la tripe et les senteurs avant la combustion, se préparer à jouer des vertus et des défauts du barreau cubain (car il n'est que de La Havane). L'âge, la qualité des feuilles, tous les avatars subis par l'objet doivent être jugés à l'œil, au nez et au doigt dans un premier temps pour ne pas rater la circoncision du bout, qui doit être nette et franche comme une exécution capitale au temps où la guillotine fonctionnait encore. L'allumage suit. Cette très délicate opération nécessite la flamme du balsa que l'on découvre dans la boîte. Le rond rouge qui illumine alors l'extrémité du cigare doit être de couleur uniforme et sa section strictement perpendiculaire à l'axe de l'objet fumé pendant toute la durée de l'opération.

Des corrections peuvent être exécutées avec de la salive en cas de dérapages involontaires. Ce ne sont que des expédients. L'aspiration initiale qui conduit à la première bouffée doit être menée avec la suavité et la tendresse d'un premier baiser amoureux, sans négliger une très légère agressivité pour installer une domination qui se poursuivra dans la continuité et la régularité de l'inhalation. Les lèvres, les narines et le palais vont alors confirmer la maîtrise dans l'extraction la plus subtile des arômes des feuilles d'une plante qui fut nourrie par le soleil, la terre et l'eau, cultivée, domestiquée, macérée, séchée, puis enroulée par des doigts savants. La lenteur du fumeur, dans les gestes et les rites, est indispensable. Capitale même. Il faut savourer, sans être ni pressé ni stressé, ce qui est la règle de tous les épicuriens. Dominer la vie plutôt que de la subir.

RAFAEL GONZALEZ
MARQUEZ
25 PANETELAS
Gonzalez
HABANA
PUNCH
MONTECRISTO
HOYO
DE MONTERREY

Allumez le pied du cigare à l'aide de n'importe quelle flamme, d'une allumette ou d'un briquet, à condition qu'il ne soit pas à essence car l'odeur du combustible annihilerait les arômes du cigare. Aspirez doucement en le faisant pivoter afin de construire un foyer harmonieux. Dégustez le cigare lentement, par courtes bouffées régulières. Laissez votre bouche et votre mémoire gustative s'en imprégner, s'en abreuver. Il n'est pas forcément conseillé d'inhaler la fumée, comme de téter, de mordiller ou même de mâchouiller le cigare. Un cigare ne se donne pas facilement, il doit être séduit. Prêtez-lui peu d'attention et de temps, négligez-le, il vous négligera à son tour.

Jusqu'où fumer un cigare ? « Jusqu'au bout de son plaisir », répondit Zino Davidoff. Une fois le cigare consommé et consumé, ne l'écrasez surtout pas, il doit s'éteindre naturellement de sa belle mort.

MONTECRISTO
HABANA

Les plaisirs de cigare de Guy Savoy

Cuisinier

Quand j'allume un cigare, j'entre dans un rituel quasi mystique. Comme en cuisine, je suis à la recherche de sensations et de saveurs. Le cigare fait appel à un sens qui ne peut s'exprimer en cuisine, le toucher, et qui me rend jaloux. Tout en fumant un cigare, je le tourne sans cesse, je le pelote, je le manipule ; j'ajoute cette dimension aux plaisirs gustatif et olfactif. Avec un plat, il est impossible de vivre ce genre de sensation. En cuisine, toucher est synonyme de souiller, et manger avec les doigts devient vite désagréable. Fumer le cigare est un plaisir total, qui exige par conséquent une disponibilité totale.
Je trouve fantastique de pouvoir mêler le plaisir du toucher à celui de la bouche, de la vue – parce que c'est beau – et bien sûr du nez. Toutes ces sensations s'inscrivent dans un cercle magique, celui du visage, ou bien des volutes, où interviennent les yeux, la bouche, le nez, le menton et même la moustache : elle est pour moi une formidable réserve d'odeurs.
La volupté est quelque chose de personnel, d'intime. Je suis un fumeur solitaire. Alors que je suis incapable de manger seul, je préfère, au contraire, m'isoler avec un cigare. C'est peut-être parce qu'en fait, avec un cigare, on n'est pas seul. Ce dialogue qui s'instaure est au départ inconscient.
Fumer un cigare n'est pas un acte banal. C'est une activité à part entière. Quand on s'y consacre, on ne peut – ou on ne doit – faire autre chose en même temps. Même tenir une conversation : je n'ai vraiment pas envie de parler pendant que je fume. Le meilleur moment pour atteindre la plénitude, c'est à la campagne, en solitaire. Il y a toutefois une chose que j'admets en fumant, et je dirais même que le plaisir s'en trouve sublimé, c'est la musique car l'ouïe reste alors seule disponible.

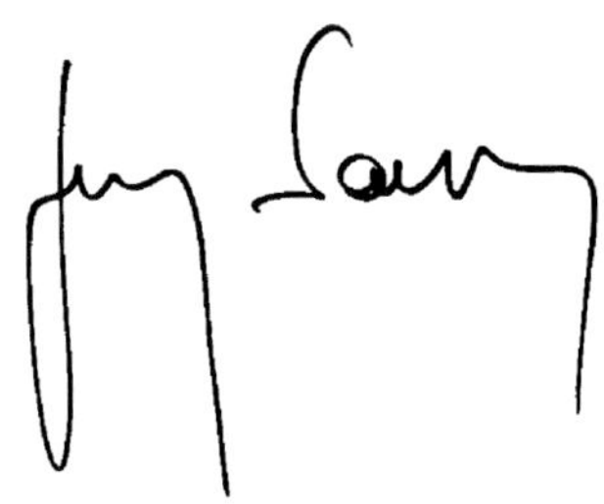

Saveurs de cigare

Au cours de la combustion du cigare s'affirment saveurs mêlées, épices subtiles et arômes variables.

Les arômes

Un cigare de qualité, alliage savant de saveurs douces et corsées, se distingue par son équilibre, sa complexité et sa richesse aromatique. Chaque cru de tabac est aussi typé qu'un cépage du Bordelais. Chaque marque, chaque module de cigare recèle ses voluptés, dont le mélange s'enrichit de nouvelles nuances au cours de la dégustation.

Tirez une grande, longue et profonde bouffée de cigare. Laissez la fumée se propager. Le goût du tabac commence à pénétrer la bouche avant de l'envelopper avec douceur, d'atteindre le larynx et de caresser les muqueuses, les papilles, stimulus de neurones. Le palais s'enivre d'un tourbillon d'arômes.

Café, mousse de chêne, poivre, cuir, et aussi le cacao : quelques-uns des principaux arômes du cigare.

NSERVAS
CONSE
CONSER
CONS

Exhalez la fumée lentement à travers les lèvres et le nez. Un somptueux nuage de fumée bleutée s'élève dans les airs. Plus ou moins opulente et charnue, la fumée se met à décrire dans l'air des spirales et autres volutes sensuelles. S'en échappent de vigoureux effluves de terre, de senteurs épicées, tantôt subtiles, tantôt entêtantes. Une fois passées les premières bouffées un brin ingrates, le cigare s'ouvre petit à petit, se déploie, s'épanouit pleinement. Sa puissance s'installe, ses saveurs franches s'offrent, se dégagent.

Au cœur des saveurs mêlées des tabacs si soigneusement choisis et assemblés, du sucré à l'amer en passant par le doux, le suave, le moelleux, l'onctueux, le piquant, l'acide et l'âcre, on discerne ici et là tel ou tel arôme plus ou moins soutenu.

Un arc-en-ciel d'arômes charnels se dessine, s'exhale en forme de vaste palette de fragrances minérales, d'odeurs fruitées, épicées ou boisées issues des plantes, des animaux et de la terre qui prodigue ces grandes feuilles majestueuses et mystérieuses : cuir, musc, suint, poivre, pain d'épice, miel, chocolat, vanille, banane, caramel, café, réglisse, terre humide, sous-bois, mousse de chêne, champignon, truffe, foin, paille, seigle...

S.E. No. 100

Les plaisirs de cigare de Jean Lenoir

Dégustateur

Ma première expérience de cigare remonte à 1970. Dans l'avion qui m'emmenait à Cuba, le steward me fit goûter un havane. Je n'avais alors jamais fumé. A l'enfant de la campagne que je suis me sont aussitôt imposées des odeurs rustiques, en particulier ces effluves de bergerie qui sont pour moi la marque infaillible des grands havanes.

La richesse des arômes du vin me passionnait. Il était alors inévitable que mon travail débouchât un jour sur le cigare. Gilbert et Yves Belaubre et moi-même avons ensemble testé plus de trois cents arômes typiques dont nous soupçonnions la présence dans les cigares. Nous avons sélectionné les six plus caractéristiques : poivre, cuir, mousse de chêne, terre humide, musc et caramel. Ouvrir une boîte de cigares est pour moi un vrai bonheur. J'apprécie d'y retrouver les odeurs fraîches de foin coupé, de paille et de seigle. Le foin coupé évoque le miel, les odeurs balsamiques et l'olor dominicano. Les saveurs épicées me rappellent une côte-rôtie. La note poivrée évoque très souvent les grands tabacs cubains. Quant au caramel, il est l'expression de la combustion des sucres présents dans les matières végétales. Je me souviens d'un grand moment avec un Molinos de Sancho Panza, la note réglissée s'imposait et la fumée exhalait des parfums de pain d'épice et de café. Grâce à l'expérience et à la mémorisation des arômes, le plaisir de les retrouver en dégustation est immense. Je vous invite à faire comme moi, lisez et écoutez votre plaisir avec votre nez !

Para Tabacos
EXPORTIERTE ZIGARREN
HAVANE
MARQUEZ
HABANA

FLOR DE RAFAEL
MARQUEZ
HABANA

Entre le boisé et le chocolaté, le nourrissant et le volatil, le fleuri et l'épicé, le cigare est un et multiple. On lui prête les qualités et défauts de l'homme : doux, délicat, subtil, élégant, rond, dodu, harmonieux, bienveillant, distingué, élégant, typé, majestueux, généreux, franc, sincère, puissant, agressif, grandiose, nerveux, bourru, arrogant, prétentieux...

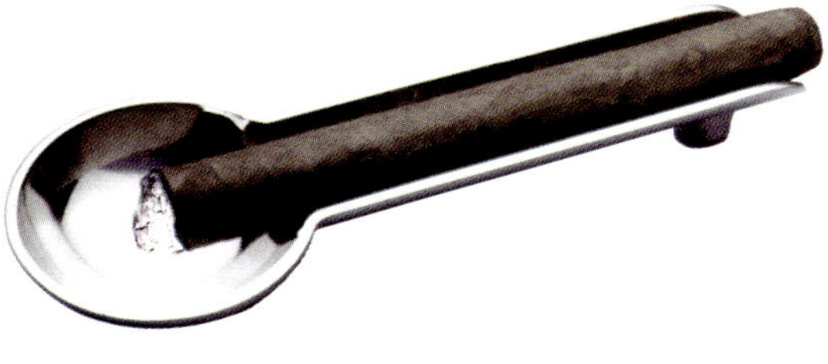

Mario Palomino
REGISTERED TRADEMARK
Exquisite Jamaica Cigars
MANUFACTURED BY
THE PALOMINO BROS. TOBACCO Co. LTD.
JAMAICA W. I.
MARIO PALOMINO

Les plaisirs de cigare de Pierre Gagnaire

Cuisinier

Je suis un fumeur de cigares occasionnel. Selon moi, quatre conditions doivent être réunies pour fumer un cigare : le temps, le moment, le lieu et le contexte dans lequel on se trouve. Si on ne le fume pas au bon moment, si on est un peu fatigué, par exemple, le cigare peut être un complet assommoir. J'ai une vision très esthétique du cigare. Ce qui m'intéresse surtout, c'est l'idée du cigare, ce que cela véhicule, cette notion de temps grignoté, de temps pris sur du temps, cette espèce de moment de repos, de réflexion et de conversation. En fait, j'aime autant l'idée du cigare que de fumer le cigare. J'ai presque autant de plaisir à sentir son parfum lorsque quelqu'un le fume qu'à le fumer moi-même. J'apprécie tout particulièrement les gros modules. Pour moi, un cigare est bon quand il est gros. Mon cigare préféré demeure le Lusitanias de Partagas, un gros cigare assez long, qui est parfumé et équilibré, qui n'est ni agressif ni âcre. En bouche, il est souple et en même temps puissant. Instinctivement, je perçois un rapport aromatique puissant entre le cigare et l'Afrique, l'éléphant. Je rapproche souvent l'arôme du cigare de celui des aubergines grillées. Il y a un produit extraordinaire que j'utilise souvent qui n'est pas sans rappeler le cigare, c'est l'huile de colza grillé, qui possède une odeur de tabac. Je m'en sers d'assaisonnement sur des viandes grillées qui sont marinées, ou bien sur des gibiers. Le cigare fonctionne bien, par exemple, avec des macérations de fruits secs, des abricots, des figues, des pruneaux, des raisins de Smyrne ou bien avec des noix de cajou ou des noix de pécan grillées. Bien sûr, il y a aussi les accords classiques avec les vieux cognac et armagnac, mais aussi avec un très beau xérès. Le cigare, c'est bien sûr le plaisir pour lui-même. Mais un cigare, comme un grand vin, doit être mis un petit peu en scène. Je serais incapable de fumer un cigare au bord d'une plage. Le cigare, c'est la confidence, la pénombre et la convivialité.

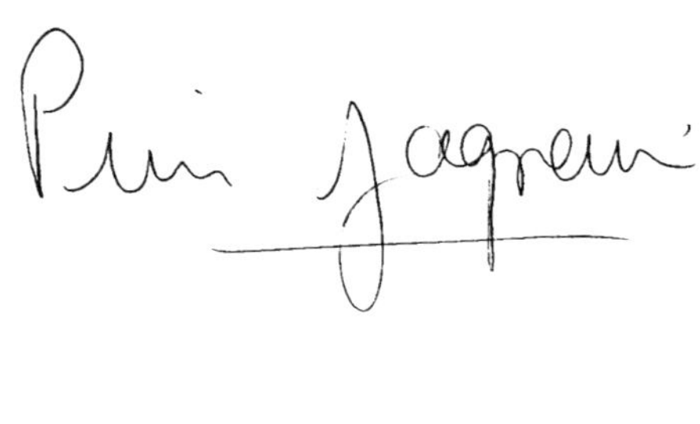

L'étui à cigares est, avec l'humidificateur et le coupe-cigare, le complément indispensable de tout amateur soucieux de la bonne conservation et de la bonne humidification des cigares. Il y a presque

autant de sortes d'étuis que de cigares : pour une, deux, trois, dix vitoles, avec ou sans conservateur intégré, en cuir, en autruche, en lézard, en crocodile, en galatithe, en acier brossé, en argent massif...

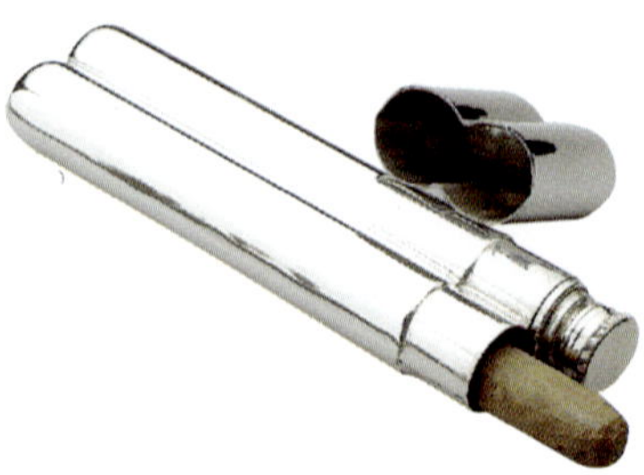

Les plaisirs de cigare de Jérôme Savary

Metteur en scène

Tout jeune, j'ai commencé par fumer des Gitanes papier maïs, avant de passer à la Boyard papier maïs. J'ai arrêté la cigarette quand j'ai appris que c'était cancérigène. Et puis, dès que j'ai eu un peu de moyens, j'ai commencé à fumer le cigarillo puis le cigare. J'ai donc totalement arrêté la cigarette pour ne fumer que des cigares, trois par jour, et uniquement des havanes. Pour moi, le cigare ne peut être que cubain. J'aime bien fumer des cigares frais, qui viennent tout juste d'être fabriqués, comme, de temps en temps, un verre d'un vin nouveau qui pique. Ce sont les grands modules que j'apprécie tout particulièrement, les coronas et double coronas. Je les crapote, je les chique autant que je les fume, ce qui n'est pas très joli à regarder. J'associe souvent cigare et vin, cognac, armagnac ou rhum. Mon péché mignon, c'est de tremper la tête du cigare dans le rhum : une potion magique ! Pour moi qui suis très nerveux, le cigare est autant un stimulant qu'un compagnon. Il y a des gens qui ont toujours un crayon dans la main. Moi, j'ai toujours un cigare dans la main. Mais c'est avant tout un plaisir de sensualité, de gastronome. J'en aime l'odeur et le goût, cette espèce de goût de terre et de feuilles mouillées. Le cigare m'évoque surtout les terres cubaines, les plantations de tabac au milieu des collines de Pinar del Rio. Je l'assimile à la terre et à la paysannerie, alors qu'il est théoriquement associé au pouvoir et au fric. L'odeur d'un cigare est surtout paysanne. Cela sent aussi fort qu'une étable en hiver.

HABANA
SANCHO
PANZA
CUBA

Mythologie du cigare

Mythologie du cigare

Le cigare flirte avec
le mystère et la légende.

L'imaginaire

Comme à ses origines, chez les Indiens Hatueys et Taïnos rencontrés « un tison à la bouche » par Christophe Colomb en 1492, le cigare flirte avec le mystère et la légende.

Les Indiens d'Amérique, premiers amateurs de cigare connus, considèrent le tabac comme un dieu, un instrument de communication avec le surnaturel qui, lors d'un rituel, unit l'individu à la communauté, à sa mémoire et à la terre ancestrale. Pour l'homme « moderne » aussi, le cigare a parfois été vu comme le moyen de renouer avec les éléments en un seul acte rare et méditatif. On prête donc au cigare les qualités poétiques d'un objet sacré, à la fois ludique et érotique. Il a parfois un léger parfum de nostalgie, ravivant en nous la mosaïque d'émotions d'une mythologie personnelle.

Rolleiflex
COMPUR

Dans l'imaginaire collectif, il convoque toute une série d'images et de clichés. Celles, littéraires, de Stendhal, Charles Baudelaire, George Sand, Gustave Flaubert, Mark Twain, Stéphane Mallarmé, Colette, Thomas Mann, Bertolt Brecht, Ernest Hemingway, Jacques Lacan... Le cigare renvoie encore à un autre domaine pourvoyeur de rêves, la mémoire cinématographique : Groucho Marx, Ernst Lubitsch, Alfred Hitchcock, Orson Welles, Gary Cooper, Philippe Noiret, Jack Nicholson, Samuel Fuller, Jean-Luc Godard... Le cigare a beau se moquer du politique, il est pourtant associé à quelques familles idéologiques : Winston Churchill et Charles de Gaulle mais aussi et surtout Che Guevara et Fidel Castro, pour lesquels le cigare représente le symbole de l'amitié guerrière, de la libération des peuples et de la révolution cubaine.

Objet symbolique aux formes suggestives, le cigare véhicule des mondes d'images inépuisables, aussi bien littéraires, cinématographiques, politiques que stéréotypées, et fournit prétexte à d'innombrables fantasmes et autres associations libres.

ROMEO Y JULI
CHURCHI
HABANA
SANCHO
PANZA
CUBA

HABANA
SANCHO PANZA
CUBA
E
東
N
北

HABANA
SANCHO
PANZA
CUBA
HABANA
SANCHO
PANZA
CUBA

Les plaisirs de cigare de François Guérif

Éditeur

Adolescent, j'ai été fasciné par le cigare en voyant Robert Mitchum en déguster un dans *Bandido Caballero* de Richard Fleischer, avant de le balancer négligemment sur une poudrière (ou quelque chose d'équivalent, je n'ai pas revu le film depuis longtemps). Dans *le Jour le plus long*, le même Mitchum lançait ses troupes à l'assaut d'un pont parce qu'il était à court de cigares, et que le bureau de tabac se trouvait de l'autre côté du pont.
Le souvenir le plus émouvant, je le dois à Samuel Fuller qui, sur le tournage de *Street of No Return*, m'en a offert un. Comme il était jaloux de ses cigares, j'ai particulièrement apprécié celui-là. Sam m'a aussi envoyé dans une maison de cigares, à Los Angeles. Une boutique sublime, dont les murs étaient couverts de photos d'amateurs éclairés : Einstein, Errol Flynn, Ernest Hemingway... Comment ne pas avoir envie de faire partie de cette confrérie-là ?
Le cigare, c'est un rituel : le choix, la coupe, la bague, l'allumage, la dégustation. Une volupté rare qui envahit tout votre être et qui n'a rien à voir avec le plaisir fugitif de la cigarette.
Le cigare est un art de vivre.
Il est difficile de l'expliquer, impossible de le transmettre. C'est un plaisir rare. Comme le dit Daniel Chavaria, auteur qui vit à Cuba : « Guérif es un fanatico ! » C'est cela. Je suis un fanatique de cigares.

François Guérif

BOLIVAR
HABANA
704
HISTOIRE DES MŒURS
L'HOMME ET LE PARFUM
705

Et puis, à l'inverse, perdurent ces images caricaturales – justifiées dans certains cas – du cigare comme apanage ostentatoire d'une élite, appendice ventripotent du pouvoir et de l'argent, porte-drapeau du capitalisme conquérant, friandise futile du désir bourgeois.
Le cigare entretient aussi, avec audace ou grivoiserie, l'imagerie d'une sensualité aux fortes connotations sexuelles.
Au travers des plaisirs de la bouche se projettent irrésistiblement ceux du sexe : la bouche amoureuse mais aussi nourricière, le besoin de l'homme, depuis la naissance, de mordre et de suçoter. Les psychanalystes peuvent faire du cigare leur miel : il se trouve être tout à la fois un phallus et un étron. A la question « que signifie pour vous fumer un gros cigare ? », Sigmund Freud, qui en fumait en moyenne vingt par jour, répondit : « Cela signifie simplement que j'aime fumer de gros cigares. »

JOCKEY CLUB
ORIZABA
ORIZABA
LA VIOLETA
IMPARCIALES
LA RICA HOJA
JOCKEY CLUB
ORIZABA
ORIZABA
LA VIOLETA
LA PERLA VERACRUZ
ANDRES CORRALES y Cia
ANDRES CORRALES Y Cia
VERACRUZ REG. Nº 155
DANTE ALIGHIERI
PRESIDENT
JOHN QUINCY
ADAMS
HABANA
LA FLOR DE CAÑO
HABANA
CLEAR HAVANA CIGARS
GUSTAVE A. MUELLER MAKER
LA MILDURA
LA VIOLETA
ORIZABA
THE 1st PRESIDENT
1789
1797
GEORGE WASHINGTON
COMO GARANTIA ESTOS TABACOS SE VENDEN PRECISAMENTE CON ANILLO.
REGALIA LA RICA HOJA
LO BUENO ES LO MEJOR
M. P. GARCIA SAN ANDRÉS TUXTLA
REGALIA REINA EXTRAFINA
LO BUENO ES LO MEJOR
PUR SANG
Dep. L.V.

Les plaisirs de cigare de Gérard Miller

Psychanalyste

On me dit : «Associez librement sur les cigares.» D'accord, mais que personne n'attende du psychanalyste que je suis qu'il voie des phallus partout ! Car il ne suffit pas à un objet d'être allongé, d'avoir une taille raisonnable, une consistance à la fois ferme et dodue – ce qui est le propre d'un cigare convenablement humidifié – pour devenir aussitôt un emblème phallique. Cela dit, il n'en existe pas moins à mes yeux une étroite connivence entre la découverte freudienne et les cigares. Mais elle tient à une photographie, une des plus belles photographies de Sigmund Freud.
Nous sommes au début des années vingt. Une barbe blanche, soigneusement taillée, découpe un visage tendu. La veste du costume de Freud est entrouverte, une chaîne de montre pend à son gilet, son bras droit est replié et, entre ses doigts, juste au-dessus de sa chevalière, un cigare se consume. J'ai découvert cette photographie bien avant de pratiquer la psychanalyse, mais je suis sûr qu'elle a contribué à m'en donner l'avant-goût, comme si cette étrange attention que Freud appelait «flottante» se confondait avec la fumée de son cigare, que l'objectif du photographe n'avait pas attrapée et qu'enfant, je cherchais en vain.

Gérard Miller

(P. 23.)
Tout d'un coup, le vent s'engouffre sous
et les relève... (P. 27.)
qui n'avait pas prévu cet ouragan, a déjà
de courir après sa casquette que le
fait tenir compagnie à M.
hien, quand il l'a lâché,
disposition à suivre
min de son logis.
La Mariée de Fontenay-aux-

COHIBA
La Habana

COHIBA
La Habana, Cuba

Métaphysique du cigare

Métaphysique du cigare

Fumer un cigare est un puissant instrument d'appropriation symbolique du monde.

L'esprit cigare

Fumer un cigare est un puissant instrument d'appropriation symbolique du monde : la saisie du monde qui nous entoure, le saisissement du réel dans un halo de fumée (rideau de plaisir et écran protecteur), en l'absorbant en nous-mêmes, en le réduisant en cendres de manière symbolique. A travers la fumée, tout devient opaque.

Fumer un cigare, c'est s'extraire du tourbillonnement du monde, de la société consumériste et des contraintes de la paralysante tristesse qui gît au fond du quotidien, se soustraire provisoirement à la marche inéluctable du temps et échapper à l'angoisse d'une mort annoncée. Fumer un cigare procure cette sensation aiguë d'« être tangent au monde », selon le joli mot de Michel Leiris à propos de la tauromachie.

PLÉIADES
PLÉIADES
PLÉIADES
DOMINICANA
GARANTIA DE FABRICA

L'ordre du réel est troublé, les obstacles qui mènent au songe sont pulvérisés. L'esprit vagabonde. Le cigare investit et occupe la pensée, tempère l'angoisse provoquée par la pensée de l'avenir en ouvrant un autre espace-temps en forme de parenthèse nuageuse. La conscience du temps qui passe, l'obsession d'apprivoiser la mort sont muselées. La durée est oblitérée, occise. Ce délicieux passe-temps qu'est le cigare tue le temps. Il engendre ainsi le plaisir vaporeux de l'éphémère, sédimente l'intensité de l'instant, institue un espace de rêve, et ouvre la voie à une perspective transcendante renforcée par le rituel du feu, de la fumée et de la cendre qui unit l'esprit, la main, les poumons, la respiration et la bouche. Le «je» se dissout en une extase contemplative. Cette projection extatique, mais sereine, n'exclut pas l'action.

Les plaisirs de cigare de Michel Onfray

Philosophe

L'usage du cigare célèbre l'unique dans un monde où triomphe le multiple. Chaque module, même apparemment semblable à son voisin dans la boîte, existe sous le registre de la différence radicale. Les conditions de fabrication, de conversation, de consumation en feront une occasion sans double. Entre amis complices, il supporterait volontiers la conservation philosophique sur les vieilles catégories du Même et de l'Autre, de la Différence et de la Répétition.
Du feu porté au pied jusqu'à la décision de l'abandonner, le cigare délivre des leçons métaphysiques. La consumation entamée inaugure le filage d'une métaphore : la vie quintessenciée dans le fumage. Du foin au cœur et du cœur au fumier se déroulent les étapes de toute existence, celles qui faisaient du sphinx un inventeur d'énigmes. Quatre pattes le matin, deux le midi, trois le soir, de l'innocence de l'enfance aux affres de la vieillesse en passant par les plaisirs de la plénitude, il en va de même pour une vie et pour un havane.
Enfin, le cigare ajoute à la revendication d'unicité et aux leçons sur le temps l'occasion d'un exercice hédoniste. Le corps entier connaît des voluptés singulières : des parfums de terre, de cuir et de bois aux vapeurs tièdes dans la bouche, des variations de bleu, de gris et de marron dans les volutes colorées aux élargissements de la perception dus à la nicotine, des mouvements de fauve souple sous les doigts aux volcans miniatures discernés sous la cendre, il ralentit et sculpte les durées – comme le jeu dont le souvenir se perd pour chacun dans les enfances lointaines.

HOYO DE MONTERREY — HABANA
CABINET
EPICURE No. 2

TRINIDAD

Les plaisirs de cigare d’Yves Simon

Chanteur, écrivain

Ouvrir et choisir.
Lorsque la boîte à cigares s’ouvre, se retrouvent les moments d’enfance où on décidait qu’il était l’heure de jouer. C’est-à-dire de s’extraire d’une réalité pour entrer dans une autre, plus conforme à nos désirs.
Choisir ensuite, c’est toucher, palper, humer et s’accorder une parenthèse de vie, conforme, là aussi, à un besoin de volupté. Bien avant de « consommer » cet obscur objet de nos désirs, il y a un imaginaire qui s’est mis à s’activer et qui va vagabonder sur des délices multiples, des sensations, des réminiscences où, à chaque fois pourtant, un scénario inédit va se dérouler. C’est une autre aventure qui va commencer, avec ses craintes de la voir prendre fin, subir les accrocs et aléas d’une combustion imparfaite, d’un « corps » rebelle, trop humide, trop sec, trop serré… Chaque cigare choisi vous place dans l’antichambre d’une perfection que l’on rêve sans cesse d’atteindre.

Fumer un cigare favorise la perte de soi dans l'oubli, voire l'expansion mystique qui dépasse les contingences et les trépidations pour se fixer dans l'immobilité de l'être et la transparence du « nous ». Durant cet entre-temps circulaire qui se consume, s'épanouit un plaisir licencieux, fugace et cruel qui s'éteint avec son objet. Chaque bouffée de cigare est ainsi le dernier souffle et l'invitation à la réflexion et à la rêverie. Le cercle magique formé par ses anneaux de fumée libératrice (la substance qui, dans l'imaginaire, ressemble le plus à la pensée) filtre le quotidien et crée l'illusion d'un présent éternel.

Cet objet obscur de plaisirs incarne l'instant où tout peut basculer. Le temps s'écoule, long, dense, intense. La vie n'en finit plus.

EL REY DEL MUNDO
HABANA

Éloge du cigare

C'est en son éphémère que réside toute la beauté de ce rêve cousu main appelé cigare.

Un art de vivre

Le cigare a mauvaise réputation. L'usage du tabac provoque toujours des réactions enflammées. Paradoxalement, jamais la passion pour le cigare n'a été aussi forte qu'en ces temps d'antitabagisme forcené et de muselage du plaisir.

Cette «fleur du mal», ce péché capiteux participe, en un hédonisme raisonné, d'un véritable art de vivre : un réservoir inépuisable de plaisirs licites et de sensations inédites.
Les Mayas accordaient au tabac (*cohiba*) des vertus curatives. Sganarelle, le valet de Don Juan, désignait le tabac comme la panacée qui guérit toutes les maladies et qui, surtout, institue un univers parfait de justice économique, encourageant les dons volontaires et réciproques à la manière du potlatch, la cérémonie du don des Indiens Kwakiutl qui consiste à brûler le don offert par une tribu à l'autre. Le cigare rapproche ainsi les êtres, et donne corps à un langage implicite de gestes et d'attitudes.
Lui qui cultive avec délectation l'art des contraires (entre le désirable et le repoussant, le raffiné et le rustique, le suave et l'âcre, le sucré et l'amer, le clair et l'obscur, le maigre et l'opulent...) est aussi bien instrument de partage que de retranchement.

ENTES
DON TOM

Les plaisirs de cigare de Sonia Rykiel

Créatrice de mode

J'aime fumer un cigare.

Je ne connais rien de plus beau, de plus sensuel, de plus voluptueux, de plus mystérieux.

J'aime l'idée de la feuille choisie, séchée, vieillie, fripée, étirée, travaillée, roulée et roulée encore et encore, teintée du plus foncé au plus tendre en passant par les bruns, les noircis, les châtaigne, les marquetés, mouchetés, veinés et maintenant les rayés.

J'aime l'odeur décalée entre la subtilité du dessus et la violence du dedans.

J'aime ses formes, son embonpoint, sa rondeur ou son extrême minceur, son côté trapu, trop court, trop long, bien en main, bien en bouche.

Sonia Rykiel

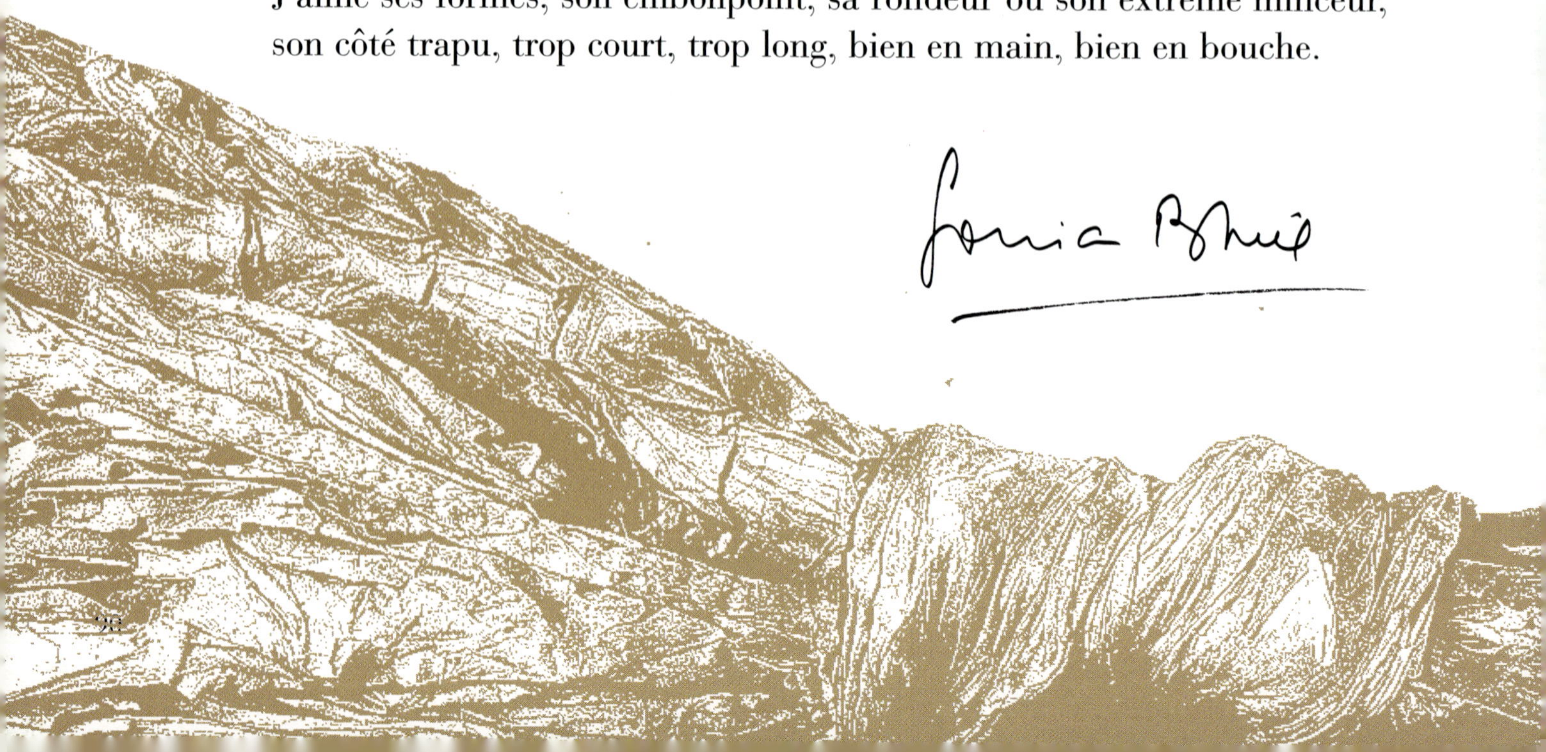

MONTECRISTO HABANA
MONTECRISTO HABANA

Compagnon franc, loyal et élégant, droit comme un « i », le cigare peuple la solitude de joyeuses volutes amicales. Rien de plus futile que de fumer cet assemblage de feuilles séchées appelé cigare. C'est pourtant en son éphémère que réside toute la beauté de ce rêve cousu main. Un cigare ne nous appartient pas. Insaisissable, évanescent, il nous échappe constamment. Ses saveurs ne se dévoilent qu'à l'instant même où elles s'évanouissent. La chaleur prométhéenne de sa flamme, la puissance d'évocation de sa fumée parfumée en forme d'anneaux, déclenchent le mouvement de spirale des rêves éveillés. Ce vice vertueux, paradis naturel, touche au sublime en ouvrant les portes d'un espace-temps où l'élévation de l'esprit mène à un vif sentiment de plénitude. Comme l'écrit Baudelaire, le cigare « vous emporte dans l'inaltérable joie mystique ».

Saveurs et bonheurs du cigare s'associent à ceux de la table, comme les grands tabacs et les grands alcools s'exaltent mutuellement.

Les plaisirs de cigare de Erik Dietman

Peintre

Les plaisirs de cigare de François Marthouret

Comédien

Cigarro si… et là

Né de la terre et des arbres
convoyé par des artisans-alchimistes
jusqu'au soupir dans l'espace

Comme un bâton de relais ou une grosse paille
comme un biberon ou un calumet
compagnon quotidien, rêve cubain
partage du « sentimiento de la vida que pasa… »

Il y a comme une musique proche et lointaine
dans cette luxueuse gourmandise
un mélange d'appel à l'aventure
et de privilège satisfait
d'utopie et d'appendice…

Il y a ceux qui justifient le cigare
et ceux que le cigare justifie
ceux qui fêtent et ceux qui toussent…

Il y a avec lui cette lente intimité égoïste,
une jubilation (comme on dit, presque un péché…)
mon plaisir d'amateur…

François Marthouret

COHIB
La Habana . Cu

En collaboration avec la société

IFF

Remerciements

Tahar Ben Jelloun, Norbert Borgel, Michel Bort,
Lester Bowie, Jackie Burvingt, Philippe Carles,
Jean-François David, Marie-Laurence « Lilou » David,
Erik Dietman, Pierre Gagnaire, Jean Ghisalberti,
Sébastien Godret, François Guérif, Jean-Paul Kauffmann,
Tony Khabaz, Titouan Lamazou, Jean Lenoir,
François Marthouret, Gérard Miller, Laurent Mirouze,
Michel Onfray, Alexandre Pierrepont,
Steve Potts, Arnaud Réveillon, Fabrice Robin,
Jérôme Savary, Guy Savoy, Compay Segundo,
Pierre-René Serna, Yves Simon, Tristan Soler,
Tony Soulié, Frank Ténot, Marc Villard, Gérard Vimmard,
Christian Wasselin,

la Civette, la Coprova, Elie Bleu,
Kindal, Gallimard-Air France, le musée de la Seita,
la Seita, le Studio de production photographique
Rauzier-Rivière-Jussy,

et tous ceux qui, de près ou de loin,
par leur aide, leur soutien et leur amitié, ont contribué
à la réalisation de ce livre.

Crédits photographiques
pages 6, 8 et 9 : Fabrice Robin
pages 68 et 79 : musée de la Seita, Domingo Dado

MONTECRISTO